Richard Thalmann   Zeit für die Ewigkeit

Richard Thalmann

Zeit für die Ewigkeit

Die drei Rosenkränze

Rat-Verlag St.Gallen
Kyrios-Verlag GmbH Meitingen · Freising

OFFENE ZEIT 8

CIP-Kurztitelaufnahme der Deutschen Bibliothek

Thalmann, Richard
Zeit für die Ewigkeit: d. Geschichte Gottes mit
d. Menschen, aufgezeigt an d. drei Rosenkränzen/
Richard Thalmann. – 1. Aufl. – S[ank]t Gallen:
Rat-Verlag; Meitingen, Freising: Kyrios-Verlag, 1979.
  (Offene Zeit; 8)
  ISBN 3-7838-0207-5

ISBN 3-7838-0207-5 Kyrios-Verlag
1. Auflage 1979
© Rat-Verlag St. Gallen, Schweiz
Alle Rechte vorbehalten
Bild und Text Richard Thalmann

Wir Menschen deuten die Menschwerdung Gottes gern als das grösste
geschichtliche Ereignis.
Unsere Geschichte erzählt von jenem Geschehen als Geschichte.
In Wirklichkeit aber ist diese Geschichte zur Geschichte aller Geschichten
geworden.
Wir haben ein Gefäss für die Gegenwart, ein grosses Gefäss für die
Vergangenheit und ein unerprobtes, fast unvertrautes Gefäss für die Zukunft.
Gott aber ist ohne Zeit. Seine Menschwerdung erfolgte in unserer
Vergangenheit, aber für die Zukunft ebenso wie für unsere Gegenwart.

Den Du, o Jungfrau,
vom Heiligen Geist
empfangen hast

Ewigkeit erfüllt die Zeit
und füllt die Schale
der irdischen Zeit
mit Göttlichkeit

Einmal, so erzählt die Geschichte, empfing der Mensch vom Geiste Gottes das Leben. Es war kein natürliches Leben, so wie Menschen es einander weitergeben können, nein, es war der Ursprung menschlichen Lebens, da Gottes Geist über der Schöpfung schwebte, da er sich dann in Geschichte und Raum niederliess zum Geborenwerden aus einer Mutter.

Schon immer hatte der Mensch
seinen Ursprung gesucht.
Als die Zeit
aus der Ewigkeit und Unendlichkeit Gottes
die Anfrage Gottes hörte,
als die zeitgebundene Jungfrau Maria
sich dem Angebot Gottes
einfach frei zur Verfügung stellte
mit ihrem unbedingten Jawort,
da überströmte Ewigkeit alle Zeit,
zurück bis zum Ursprung
und vorwärts bis zu allen
Horizonten der Zukunft:
Gott wurde Mensch.

Wir beten: «Den Du, o Jungfrau, vom Heiligen Geist empfangen hast.» Schade, dass wir es nicht wagen, ganz nahe zu diesem Menschwerden Gottes in der Jungfrau hinzugehen. Gott ist doch nicht bloss für sie und in ihr Mensch geworden. Es geht doch um die Liebe Gottes, die in diesem Akt alle Menschen erfüllt und in allen Menschen und für alle Menschen Mensch wird.

Erde, fragwürdige, bewunderte,
gefürchtete Erde, vergiss Dich selbst!
Öffne Dich
dem über Dir
für Dich schwebenden Geist,
öffne Dich
zur gottgeweihten, gottgeliebten Schale,
damit Gottes Geist sie erfüllt.
Immer schon strömte Gottes Geist,
immer weiter strömt Gottes Geist
in Dich und über Dich und durch Dich.
Seine Liebe hat tausend Quellen
für alle Zeiten,
damit alle ihn empfangen
und alle aus ihm leben:
die da waren, jetzt sind
und noch sein werden.
Erde, Du kannst die Menschwerdung Gottes
nicht einsperren
in einen Menschen, in eine Zeit
und in ein einmaliges Ereignis!
Gott sprengt, auch wenn er Mensch wird,
mit seiner Überfülle und Unendlichkeit
jede Begrenzung.
Er ist Gottmensch für alle Räume,
alle Zeiten und alle Menschen.
Darum sag ja, verneige Dich vor ihm,
damit sein Wille an Dir geschehe!

Den Du, o Jungfrau,
zu Elisabeth getragen hast

Ewigkeit durchwandert mit uns
die Wege der Zeit,
damit die Zeit heimfindet
zur unvergänglichen Ewigkeit

Dann aber sollst Du ihn tragen, den ewigen Gott, in Deiner vergänglichen Menschlichkeit. Du sollst jubeln und sollst über Dein tiefstes Geheimnis schweigen. Du wirst es nie ganz verstehen, was er an Dir Grosses getan hat. Aber Du kannst seinen Willen erfüllen. Er will der Gottmensch aller Zeiten sein – jetzt ist Deine Zeit.

Jetzt trage ihn, den Du nie ganz erfassen kannst, trage ihn in der Zartheit Deines Glaubens, umsorge ihn mit Warten und Hoffen, und breite über die Hügel und Wege die leuchtenden Schleier Deiner Liebe. Du musst ihn schützen vor dem Dunkel der Blindheit der Menschen. Du musst ihn schützen vor der Begrenztheit der Menschen, die alles verschliessen und für sich behalten möchten. Du musst ihm irdisches Gefäss sein für seine Ewigkeit, ein endlicher Mensch für seine Unendlichkeit. Wenn er zu Dir auf Deinen Lebensweg kommt, wird Dein Weg sein Weg sein, Deine Kraft wird seine Kraft sein, und Deine Sorgfalt wird seine Geborgenheit in Dir sein.

Die Geschichte erzählt, dass Maria ihren Gott zu Elisabeth getragen hat. Sie brachte ihn zur Mutter des letzten Propheten im Alten Bund. Sie brachte ihn somit zurück in die Vergangenheit, die alt und unfruchtbar geworden war, erstarrt im Gesetz; sie brachte das neue Leben, das göttliche Leben, das Mensch werden wollte. Sie brachte also der Gegenwart ihren menschgewordenen Gott, und aufhorchte die Alte des Alten Bundes und fragte, wie es geschehe, dass zu ihr kommt die neue Seligkeit.

So sollst jetzt Du Gott bringen
zur Zukunft alles Kommenden.
Und mag Dein Weg auch einst enden mit Dir,
sein Weg geht weiter. Dein Leben stirbt,
sein Leben aber stirbt nicht mehr auf Erden,
denn selig preisen sollen dies Geheimnis
alle Zeiten und Völker.
Er, der Dich trägt,
lässt sich von Dir tragen.
Verliere ihn nicht, bleib nicht zurück,
ermüde nicht!
Stärke Dich an seiner Allmacht,
nähre Dich, richte Dich auf,
geh, geh, geh!
Er ist nicht bloss Dein Mysterium,
er ist Dein Alles,
Deine Vergangenheit,
Dein Jetzt und Deine ewige Zukunft.
Seine Liebe kennt keine Begrenzung.

Wo immer er ist,
getragen von Dir, geliebt von Dir,
behütet von Dir,
ist er die bleibende Gegenwart.
Alle Wege Deines Lebens
sollen Wege sein mit ihm,
aber auch zu ihm und für ihn.

Den Du, o Jungfrau,
geboren hast

Ewigkeit blendet das Dunkel
der Mitternacht,
wenn uns der Gott-Mensch
in der Zeit geboren wird

Das Geheimnis Gottes mit uns Menschen konnte nicht verheimlicht werden. Zwar hat Maria ihr Kind in der Nacht geboren, in einer Höhle, abseits aller Menschen, die Erde schlief – doch der Himmel öffnete sich und eine Schar Engel verkündete den Hirten Freude und Frieden.

Siehst Du, diese Höhle im Hügel der grünen Erde ist die Wiege aller Menschen, ist die Krippe aller Hungrigen, die voller Sehnsucht sind nach Seligkeit.
Nie wird diese Stätte nur die historische Stätte sein in Bethlehem, für alle Zeiten wird sie der Ort sein, wo Gott als Mensch geboren wird.

Der Ort, wo Gott geboren wird, ist überall,
wo Erde ihn aufnehmen will,
wo Menschen ihn Mensch werden lassen.

Immer wieder werden Menschen die Botschaft der Engel hören, immer wieder werden Menschen, die Wache halten, ihre Botschaft vernehmen. Keine Nacht ist zu tief und keine Höhle zu finster für Gottes Geburt: Wo immer er Mensch wird, kommt er zu den Seinen, und allen, die ihn aufnehmen, gibt er Macht, durch ihn zu Kindern Gottes zu werden.

Nun ist eigentlich der wahre Mensch Mensch geworden, in dieser Berührung zwischen Himmel und Erde, in dieser Verbindung zwischen Gott und Mensch.

Sag nicht, es gab doch schon vor Christi Menschwerdung Menschen; denn das wäre nur Deine menschliche Zählung, die Tage einteilt. Für die Unendlichkeit und Ewigkeit, auch wenn Gott heraustritt in die Menschlichkeit, gibt es keine Zeit, kein Vor-ihm, kein Nach-ihm, sondern nur ein bleibendes Jetzt immer und allezeit bis in Ewigkeit.

Nur die Geschichte kann sagen «Den Du, o Jungfrau, geboren hast.» Deine Wirklichkeit ist seine Menschwerdung in Dir und durch Dich und für Dich.
Aller Welt ist dieser Gott geboren,
allen Menschen ist er der Gottmensch,
und alle Menschlichkeit
ist in ihm zu Gott emporgehoben worden.

Alle Sterne sind ein Gloria in der Nacht,
die Sonne ist sein Gloria am Tag,
die Menschwerdung aber ist in Dir.

Den Du, o Jungfrau,
im Tempel aufgeopfert hast

Ewigkeit empfängt ein Opfer
der armen Zeit,
die sich verteilt
an ihre Ewigkeit

Doch Mensch,
wenn Du den Gottmenschen besitzen willst,
wenn Du ihn behalten willst,
wenn Du ihn verstehen willst,
dann musst Du ihn Gott zurückbringen.

Was Gott dem Menschen gibt, das möchte er vom Menschen zurückgeschenkt bekommen. Der Grund seines Kommens ist doch seine Liebe, und Liebe will immer auch wieder geliebt sein. Liebe gibt alles, Liebe sehnt sich aber auch zurück nach allem. Liebe darf nicht einseitig sein, weder die Liebe unter uns Menschen, noch viel weniger aber die Liebe Gottes unter uns Menschen.

So erzählt uns die Geschichte, dass Maria ihren Erstgeborenen im Tempel aufgeopfert hat. Kaum hat sie ihn empfangen, kaum hat sie ihn geboren, gibt sie ihn dem zurück, von dem sie ihn empfangen hat.

Mensch, hier wird erstmals sichtbar, was es für einen begrenzten Menschen heisst, sich mit einem unbegrenzten Gott einzulassen. Für Empfangen haben wir Sinn, unsere Sehnsucht wartet und erwartet. Doch Geben ist ebenso menschennotwendig.

Du musst Gott geben, was Gottes ist –
das aber bist Du
und ist der Gott,
der Mensch geworden ist in Dir.

Und hat auch das menschliche Wort «opfern» einen bitteren Nachgeschmack, ist Opfern oft Schmerz und Geopfertwerden menschlicher Verzicht, so ist doch Vor-Gott-Opfern anders zu verstehen.
Es ist Geben, um neu empfangen zu können.
Es ist zutiefst nicht Verzicht,
sondern Austausch,
um immer neu erleben zu können
das Empfangen von Gott.

Opfern ist der Kreislauf der Liebe. Sie empfängt, und sie gibt, um wieder zu empfangen und wieder geben zu können, bis endlich – nach unzählbarem Austausch zwischen Gott und Mensch – Mensch und Gott sich so gut verstehen, dass Gott den geliebten Menschen aus der letzten Aufopferung im Tod voll und ganz aufnimmt in die sichtbare, sinnenfällige, bleibende, unvergängliche Seligkeit.

Dein kleinstes Opfer
ist Dein erster Schritt auf Gott hin.
Aber auch dieser Schritt ist nur möglich,
weil Gott zuvor den Weg zu Dir gefunden hat.

Den Du, o Jungfrau,
im Tempel gefunden hast

Ewigkeit verliert sich
in der bemessenen Zeit,
aber die Zeit findet Gott
im Tempel der Ewigkeit

Dass der begrenzte Mensch den unbegrenzten Gottmenschen auf Erden immer wieder verlieren kann, ist nicht erstaunlich, sind wir doch so ganz verschieden von ihm und so zerrissen in uns selbst.

Er ist der Ewige,
wir sind die Zeitlichen.
Er ist ohne Anfang und Ende,
wir aber lieben den Augenblick.
Er ist allumfassend,
wir aber erfassen immer nur stückweise.
Er ist der in sich Ruhende,
wir aber zersplittern unsere Kräfte
und sind geteilt.

Die Geschichte erzählt, dass auch Maria ihren Gottmenschen verloren hat – aber dann folgt gleich die Antwort, die beglückende Botschaft, dass sie ihn auch wieder gefunden hat, nämlich im Tempel, im Hause seines Vaters.

Auch wir werden unsern Gottmenschen leicht und unbesehen verlieren können; es muss nicht einmal Sünde sein, die uns in diese Not bringt. Aber er ist immer und immer wieder zu finden, wenn wir ihn suchen, wo er ist. Wir werden ihn immer wieder finden können im Hause seines Vaters: im Hause des Vaters, das auf Erden errichtet ist im Tempel, in der Kirche.

Und mag diese Kirche auch strotzen vor Menschlichkeit, so wird er doch mitten unter all den Schriftgelehrten und Theologen sein. Er wird alle Gebete hören, die sie hersagen und nicht verstehen; er wird durch alle Evangelien sprechen, die sie zitieren, aber nicht praktizieren; er wird sich hingeben in Brot und Wein, auch wenn die Priester gerade im Austeilen seiner göttlichen Präsenz immer überfordert sein werden.

Der Gottmensch ist im Tempel zurückgeblieben, damit alle Menschen, die fürchten, ihn verlieren zu können auf Erden, auch gleichzeitig wissen, wo er wieder gefunden werden kann. Kirche ist der Ort Gottes auf Erden, dort kann Gott immer wieder gefunden, angebetet und geliebt werden.

Das heisst natürlich nicht, dass Gott in Vergangenheit, Gegenwart und Zukunft nicht auch anderswo und anderswie als der stets gegenwärtige Menschengott und Gottmensch aufgefunden und erlebt werden kann.

Wie das Ereignis der Menschwerdung Gottes von uns nicht als einmaliges historisches Geschehen gesehen werden darf, sondern seine Heilswirkung rückwärts auf alle vergangenen Geschlechter und vorwärts zu allen kommenden Generationen strömt, so ist es auch mit Christi Leiden und Sterben, mit seiner Opferung an Gott Vater.
Wir könnten natürlich auch hier beim Detail bleiben, weil wir fixiert sind auf das historische Faktum. Wir werden aber das Christentum erst dann richtig verstehen, wenn wir auch den Untergang Christi am Kreuz als das Geschehen in aller Zeit und für uns und alle Menschen zu erkennen vermögen.

Der für uns
Blut geschwitzt hat

Mensch der Zeit und Ewigkeit,
Du zitterst vor Zeit
und Ewigkeit

Das Opfer Christi ist, wie unser Opfer, nicht einfach Unglück, Leiden und Schmerz, sonder Übergabe des eigenen Ichs an Gott. Das Samenkorn muss untergehen in der tiefen Furche des Ackers, wenn es vielfältige Frucht bringen soll.
Dieses Untergehen ist für uns Menschen im allermenschlichsten Sinn Leiden und Schmerz – wie es bei Christus, dem menschgewordenen Gottessohn, nicht sinnlose Zerstörung war, sondern Aussaat zu tausendfältiger Frucht.

Aber auch für Christus, den Menschensohn, war das Weggeben seiner Menschlichkeit eine harte Bedrängnis, er durchlitt wie wir Not. Am Ölberg erdrückte ihn die Furcht vor dem Verratenwerden, vor dem Gequältwerden, vor dem Sterbenmüssen, er zitterte und bebte vor Angst und bat: «Vater, wenn es möglich ist, lass diesen Kelch an mir vorübergehen. Doch nicht mein, sondern Dein Wille geschehe.» Diese tiefe Angst ist eine Urangst, die dem vergänglichen Leben anhaftet.

Die Geschichte erzählt, dass Christus für uns Blut geschwitzt hat, so dunkel, so unermesslich und blutig war die Angst. Von dieser Angst weiss die Theologie, dass sie auch unsere Angst ist, weil es zum Menschsein gehört, zu leiden und zu sterben und im Tod sein Leben dem zurückzugeben, von dem er es empfangen hat.

Wir sind Samenkörner, die untergehen müssen.
Dass aber jede Existenz sich wehrt vor dem Weggeben, vor dem Untergehen, vor dem Ausgelöschtwerden und Aufgelöstwerden, ist von der Struktur der Existenz her bedingt, die leben und nicht sterben will.

Wenn Christus seinen Kampf um die Existenz also so offen zeigt vor seinen Jüngern, wenn er vor ihnen zittert und bangt, wenn er mehrmals um ihr Mitwachen und Mitbeten bittet, so ist das keine Erniedrigung für ihn, sondern der totale Beweis für uns, dass seine Menschlichkeit mit der urmenschlichen Angst keine Kulisse, sondern Selbstverständlichkeit ist. Dass er einen gewaltsamen, ungerechten Untergang erleidet, ist nur das sinnenfällige Zeichen drastischen Untergehenmüssens.

Sogar Christus erlitt Angst, bebte und bangte, weil Sterbenmüssen vom Menschen aus gesehen immer ein Weggeben ist. Es ist ein Schlagen in unser Angesicht, eine Anforderung Gottes an uns. Diese Züchtigung nimmt Gott dem Wesen Mensch nicht ab.

Der für uns
ist gegeisselt worden

Mensch, gebunden an Zeit
und Ewigkeit,
Dich schlägt die Zeit
und schlägt die Ewigkeit

Die Geschichte erzählt weiter, dass Christus gegeisselt wurde. Obwohl Pilatus keine Schuld an ihm fand, übergab er ihn zur blutigen Geisselung. Und der Gottmensch erlitt schweigend diese menschliche Ungerechtigkeit, dieses Verurteiltwerden ohne Schuld.

So werden auch wir Menschen nicht die Konsequenz für uns beanspruchen können: Wer gut lebt, dem geht es gut; wer schlecht lebt, dem geht es schlecht. Einen solchen Handel geht Gott niemals ein. Der Mensch muss bereit sein, zu leiden und zu sterben. Auch wenn er jammernd fragt: zum Untergang? Gott weiss, zur Auferstehung.

In der überirdischen Dimension, die für uns alle göttliche Gültigkeit hat, ist die irdische Geisselung keine Strafe des Himmels, sondern das Dreschen des Weizenkorns und sein Zermalmtwerden. Das Brot aber wird Gott dann wandeln zum Brot des ewigen Lebens. Das Leid, die Qual und das Sterben bleiben in der menschlichen Denkweise unerklärliches Geschehen. Wo ist da Gott? fragen wir. Derweil ist es Gott, der uns diesem Untergehen überliefert, damit er an uns seine Herrlichkeit vollziehen und uns zu Seligkeit rufen kann.

Wie Gott sich weggibt an uns, so will er, dass auch wir uns weggeben, damit er uns aufnehmen kann. Es ist dies ein schwer verständlicher Austausch zwischen Gott und Mensch, der sich an jedem von uns vollzieht. Und nicht erspart Gott seinem Sohne diese Schläge an der Geisselsäule, wie er auch uns die schweren, gefürchteten Schicksalsschläge nicht einfach wegnimmt.

«Der für uns gegeisselt wurde» ist geschichtlich ein sinnenfälliges Detail der Passion. bleibt aber unser aller Schicksal.

Der für uns
ist mit Dornen gekrönt worden

Mensch, gekrönt von Zeit
und Ewigkeit,
verspottet durch Zeit
vor Ewigkeit

Wie wir aus der Geschichte weiter erfahren, haben die Soldaten an Christus ihren Spott ausgelassen; sie haben ihn mit Dornen gekrönt, ihn, den ausgelieferten Gottessohn, der von sich behauptet hatte, er sei ein König.
So wird auch unser Untergehen spitze Krönung mit Leid, mit Spott und Dorn sein. Ein König mit einer Dornenkrone statt einer goldenen Krone ist ein Zerrbild. Und ein mit Dornen gekrönter Mensch – wer von uns aber wäre dies nicht oft und oft in seinem Leben – ist ein Verhöhnter und Verspotteter, vor Gott aber demütig Harrender auf die ewige Krone.

Der spitze, verletzende, schmerzliche Dorn bleibt nicht Dorn, das zeigt Gott an seinem eigenen Sohn und will er durch ihn auch unserm Geschlagensein und Verspottetsein offenbaren. Dass wir Menschen Leid als Leid erfahren, zeigt er beim Leiden des eigenen Sohnes, bis er zur Auferstehung gelangt. Diesen Weg weist er durch Christi Dornenkrönung aber auch uns. Opfer ist in Gottes Dimension Hingabe an ihn und nicht bloss, nach menschlichem Urteil, eine unmenschliche, sinnlose Qual. So lässt Gott es zu, dass sogar sein eigener Sohn mit den menschlich unverständlichen Dornen gekrönt wird, damit wir vor dieser Schmerzenskrone nicht einfach zurückschrecken, sondern sie zu ertragen versuchen, auf dass an uns die Herrlichkeit Gottes, die er uns bereitet hat, sichtbar werden kann.

Ich bin mir voll bewusst, dass jeder Mensch vor dieser unmenschlichen Grausamkeit natürlicherweise zurückschrecken muss. Aber gerade darum formuliere ich so hart, damit wir das Mysterium des Leidens aus göttlicher Sicht zu verstehen versuchen und uns nicht mit menschlichen Ausreden und billigen Trostworten begnügen. Ich streite die Schrecklichkeit nicht ab, weil es für Menschen ja immer etwas Furchterregendes, menschlich Überdimensioniertes sein muss, sich mit einem Gott einzulassen. Ja, selbst wenn ich Gott und seinem Tun ausweichen möchte, wird es mir nicht gelingen, weil der Schöpfer seine Schöpfung beansprucht, ob es mir passt oder nicht.

Der Mensch, den Gott krönen will, wird zuerst mit Dornen gekrönt. So ist auch sein eigener Sohn für uns mit Dornen gekrönt worden, damit wir in diesem Zeichen es wagen, aus dem menschlichen Reich in seinen himmlischen Bereich einzutreten.

Der für uns
das schwere Kreuz getragen hat

Mensch, belastet mit Zeit
und Ewigkeit,
geht den Kreuzweg aus der Zeit
zur Ewigkeit

Wir beten: «Der für uns das schwere Kreuz getragen hat.»
Christus trug das Kreuz des Todes. Es war aber nicht bloss sein Kreuz, das er mühselig schleppte, es war auch Dein Kreuz und mein Kreuz, unser aller Kreuz. Er ging den schmerzvollen Kreuzweg, unser aller Kreuzweg, zu Gott.

Rein menschliches Überlegen wird natürlich auch hier sagen: Welch grausamer Gott, der seinen Sohn die Sündenlast aller Menschen tragen lässt! Christlicher Geist aber erkennt: Wir alle sind zu diesem Kreuzweg der eigenen Vernichtung, des eigenen irdischen Untergangs gerufen. Wir alle, ob wir wollen oder nicht, müssen untergehen, bis wir die Herrlichkeit Gottes und die Seligkeit des Himmels empfangen können.

Warum, fragen wir, will Gott einen Kreuzweg für Schuldige und Unschuldige? Das Kreuz kann und darf doch nicht bloss eine Strafe sein, die über alle verhängt wird. Nein, nein, der Kreuzweg ist der steile, schwer gehbare Weg zu Gott. Aber Christus ging ihn für uns und geht ihn mit uns. Es ist der gleiche Christus, von dem Gott sagte: «Das ist mein vielgeliebter Sohn, auf ihn sollt ihr hören und achten.»

Vielleicht wäre es besser, wir würden erschrecken über unsere im irdischen Fühlen und Empfinden steckengebliebene Menschlichkeit, als versuchen, Gott ob seiner Grausamkeit anzuklagen. Liebe will nicht bloss von Gott getragen sein, sie muss auch menschlich diese Gottesliebe zu ertragen versuchen.
Gott trägt uns, also ruft er auch uns zum Tragen auf.

Wehe dem Menschen, der versucht, seine Last und sein Kreuz wegzuwerfen! Es wird ihm nicht gelingen. Er wird doch leiden und sterben müssen, wenn er Gottes ewigen Tag erreichen will.

Der für uns
ist gekreuzigt worden

Mensch, hängend zwischen Zeit
und Ewigkeit,
verströmt das Blut der Zeit
zur bleibenden Ewigkeit

Mit Christi Kreuzigung auf Golgotha vollendet sich das Opfer. «Der für uns ist gekreuzigt worden», für uns Menschen der Gegenwart, der Vergangenheit und der Zukunft. Die schmerzliche Klage Christi «Mein Gott, mein Gott, warum hast Du mich verlassen?» ist ein Wort totaler Verlassenheit, letzter Schrei des Untergangs, tiefste Not des Zerstört- und Ausgelöschtwerdens. Muss nicht jeder Mensch davor zurückschrecken? Fürchtet sich nicht darum jede menschliche Existenz vor dem übermenschlichen Gott?

Sicher wäre das Sterbenlassen des eigenen Sohnes Grausamkeit, wenn es Sinnlosigkeit bedeutet hätte. Anders aber verhält es sich, wenn in diesem Aufgeben des Menschen stärker das Annehmen Gottes gesehen wird. Das Verströmen Christi ist doch letztlich das Verströmen der Liebe Gottes, die ausgegossen ist über alle Menschen aller Zeiten. Darum wohl hat auch das Wort des Herrn «Es ist vollbracht!» einen ganz anderen Klang. Es ist das souveräne Wort eines sterbenden Sohnes Gottes, Schlusswort der Opferung, letzter Akt der Übergabe an Gott. Es klingt gar nicht nach Sinnlosigkeit, sondern gleicht vielmehr jenem ersten biblischen Wort: «Und Gott sah, dass es gut war.» Dementsprechend muss auch bei aller menschlichen Entsetzlichkeit das Sterben gesehen werden als ein Sichgeben in die Liebe und den Ratschluss Gottes hinein, als ein totales Weggeben seiner selbst.

Wie Christus sich in seinem Leiden und Sterben weggibt und verströmt, so ist auch jeder Christ aufgerufen, sich selbst wegzugeben: an Gott und an die Mitmenschen.

Wirst Du jetzt sagen, ich hätte bei der ganzen Erlösungsgeschichte die Schuld und Sünde der Menschen weggelassen? Ich tat es nicht ohne bestimmte Absicht. Ich wollte nämlich nicht, dass Du im Opfer nur Sühne und im Tod nur Strafe siehst, obwohl natürlich auch hier Zusammenhänge aufzuzeigen wären.
Ich glaube, dass das Leiden letztlich nur im Leiden Christi gedeutet werden darf. Gott wollte uns durch das sichtbare Leiden seines eigenen Sohnes das Leiden nicht menschlich, sondern göttlich interpretieren und darstellen: nämlich als Austeilen, um alles zu empfangen, als Nicht-mehr-Sein, um zu ewigem Leben auferstehen zu können.

Vor Gottes Dimensionen mögen wir vorerst erschrecken. Aber wenn wir seine Herrlichkeit schauen, werden wir ewig selig sein. Noch sind unsere Augen gebunden. Beklagen sollten wir uns nicht über die Opferung der Existenz, sondern über die Gefangenschaft in einem rein menschlichen Kerker.

Noch ist aber die grosse Geschichte von Gott und seinen Menschen
nicht zu Ende. Noch gibt es einzelne, geschichtlich ausweisbare Ereignisse,
die zu erzählen sind. Dann aber wird vollends durchbrechen, was wir immer
schon sahen und spürten:
Gott sprengt den menschlichen Rahmen von Raum und Zeit.
Weder die Menschwerdung Gottes aus der Jungfrau Maria noch die grausame
Tötung dieses menschgewordenen Gottes am Kreuz noch seine sieghafte
Auferstehung sind nur historische Fakten, sondern stetes Geschehen,
das immer neu sich vollzieht.

Der von den Toten
auferstanden ist

Gottes Unendlichkeit
und Ewigkeit
durchbricht die verstorbene
Zeit des Todes

So total das Verströmen und Ausbluten Christi am Kreuz war, hört dieser Quell seines vergossenen Blutes doch nie auf, alles Untun der Menschen zu überfluten, jedes Unheil wegzuschwemmen, ja jedes Sterben aufzuwecken zu ewigem Leben.

Es berichtet die Geschichte, dass der getötete, mit der Lanze durchbohrte und im Grab zur Ruhe gebettete Menschensohn vom eigenen Tode erstand. Wir freuen uns, dass er von den Toten auferstanden ist. Wir sollten aber nicht bloss von seiner Auferstehung reden, wir sollten auch an unsere eigene Auferstehung zu glauben wagen; denn erst dann hat Christi Auferstehung vom Tod für uns Menschen letzten Sinn und Zukunft.

Jetzt gehen wir meistens mit ihm, vor allem aber mit uns und unseren Angehörigen, nur bis zum Grab. Wir übergeben den toten Leib der Mutter Erde, und das kommende Mysterium ist verhüllt – sichtbar nur dem Glauben, an Hoffnung sich klammernd, sonst aber weint sich unsere Liebe aus.
Braucht es soviel weniger Kraft zum Sterben als zum Auferstehen? Ist der Tod so sicherer als das lichte Leben der Auferstehung? Schade, jetzt, da uns endlich die ganze Fülle menschlichen Daseins durch den Menschensohn geoffenbart wird, weinen wir und hören einen Nekrolog, der die Vergangenheit erzählt, statt von der erreichten himmlischen Zukunft zu sprechen.

Dunkel ist das Grab; wir schauen hinein und sehen nicht, dass über dem Grab der Dom sich immer höher und immer heller öffnet, über alle Pfeiler empor bis zu Gott.
Am offenen Grab müssten wir doch Paulus zitieren: «Gesät wird in Verweslichkeit, auferweckt wird in Unverweslichkeit; gesät wird in Unansehnlichkeit, auferweckt wird in Herrlichkeit; gesät wird in Schwachheit, auferweckt wird in Kraft; gesät wird ein sinnenhaft irdischer Leib, auferweckt wird ein Geistleib» (1 Kor. 15,42 ff.). Alles, was sein wird, ist im Keim jetzt schon vorhanden, auch unsere Vollendung und Herrlichkeit.

Der in den Himmel
aufgefahren ist

Gottes Herrlichkeit
und Ewigkeit
umfängt den Auferstandenen
mit Seligkeit

Die Geschichte erzählt uns weiter, dass Christus in den Himmel aufgefahren ist. Er ging heim zum Vater, von dem er ausgegangen war. Er ging voller Freude, mit Jubel und Unbeschwertheit – daher wohl das Bild des Emporschwebens frei von Gebundenheit in Raum und Zeit – als voll entfaltete Persönlichkeit und bleibend in kosmischer Verbundenheit.

Es mag uns schwer fallen, eine Himmelfahrt zu umschreiben, obwohl es doch sicher Wunschtraum aller Menschen ist, einmal ohne Sorge in erfüllter Sehnsucht selig sein zu können.

Gottes Himmel ist über dem hohen blauen Himmel, den wir sehen. Himmel ist entfaltete Liebe, die alles begreift, alles umfasst und alles umspannt. Himmel hat keine Grenzen; Himmel ist Unendlichkeit und Ewigkeit; Höhe, Breite und Tiefe sind ohne Mass; Himmel durchschwingt, durchdringt und durchrinnt alle Gedanken.

In dieser unbeschreibbaren Unendlichkeit und Ewigkeit ist die Heimat Gottes, in die der menschgewordene Sohn Gottes heimkehrt. Damit ist erstmals seit der Schöpfung die Menschheit vollendet, das heisst heimgekehrt zum Vater Gott, dem Ursprung aller Liebe, einer Liebe, die sich verteilt in Raum und Zeit, um aus Raum und Zeit in alle Ewigkeit geliebt zu werden.

Doch dieses Spiel Gottes mit uns Menschen, dieses Spiel des Gebens und Nehmens, um wiederum geben und nehmen zu können, ist uns Menschen oft zu unbegrenzt. Wir möchten Gott Einhalt gebieten, wir möchten uns müde ausruhen oder gar habsüchtig das Erhaltene behalten und es nicht mehr zurückgeben müssen.

Gottes Sohn aber geht im strahlenden Alleluja dem Vater entgegen und übergibt ihm alles, was er auf Erden erlebt und erlitten hat. Er gibt sich selbst dem Vater, gibt sich ihm als Gottmensch. So ist der Mensch kein Fremder mehr, die verklärte Kreatur hat durch Christus im Himmel Einzug gehalten.

Der uns den Heiligen Geist gesandt hat

Gottes Heiliger Geist durchweht und entflammt die Zeiten der Erde

Die Geschichte erzählt auch, dass Christus mit dem Verlassen des irdisch sichtbaren Bodens uns irdisch Zurückgebliebene aber nicht vergessen hat. Noch zu Lebzeiten hatte er den Tröster versprochen, und dieses Versprechen löst er nun ein.
So beten wir: «Der uns den Heiligen Geist gesandt hat.»
Welche Dynamik umstürmt seither die Erde, erfüllt alle Geister mit Sehnsucht, durchrauscht alle Gezeiten, durchleuchtet alles Fragen, durchstrahlt alle Geheimnisse, durchflutet allen menschlichen Geist!

Er spricht alle Sprachen, er deutet alle Gleichnisse. Er führt den Zug des Volkes Gottes an. Er leitet es durch die tiefen Ebenen der Menschlichkeit, über die Hügel der Probleme, an Abgründen des Versagens vorbei, immer höher, immer tiefer zur ewigen Wahrheit. Und das Volk Gottes nimmt zu dieser Prozession aller Gläubigen, aller Hoffenden und aller Liebenden das ganze irdische, so weltliche Geschehen mit; nimmt mit Freude und Leid, Geburt und Tod, alles Wissen und alles Nichtverstehen, hellen Tag und dunkle Nacht, Vergangenheit, ungeordnete Gegenwart und ungewisse Zukunft. Alle Generationen sind in dieser Prozession des Heiligen Geistes; von allen Seiten strömen sie zusammen, aus allen Religionen und Konfessionen.

Geist Gottes umstürmt und umwirbelt alles mit himmlischer Geistesglut, und die Erde ist eine kleine grüne Kugel unter dem Feuerregen des Heiligen Geistes. Doch verbrennt dieser Geist Gottes die Erde nicht. Er achtet Freiheit und Entscheid der Menschen, nimmt keinem einzigen Menschen die Persönlichkeit weg. Er tötet nicht, er zwingt nicht, er umschwebt nur und durchweht jedes menschliche Herz. Er bietet Liebe an und sucht unsere Liebe. Er wirbt um die Menschen, die Gott schuf, damit sie ihn erkennen und einst besitzen können in der Ewigkeit.

Heiliger Geist lässt sich nicht abweisen. Nie hat er genug getan, nie resigniert er, und unter den tiefsten Schichten menschlicher Bosheit sucht er noch nach der übrig gebliebenen kleinen Glut einer Liebe, um sie neu zu entfachen.
Geist Gottes befreit von Schuld,
giesst Gnade
auf ausgetrocknete, dürr gewordene, scheinbar abgestorbene Erde.
Und wenn er heute
durch eine säkularisierte Welt weht,
verkündet er trotzdem die Botschaft
der Liebe und des ewigen Lebens.

Der Dich, o Jungfrau, in den Himmel aufgenommen hat

Gottes Liebe und Verbundenheit erhebt zum Himmel die Mutter der neuen Menschen

Wer aber erzählt uns diese Geschichte Gottes mit seinen Menschen? Die Jungfrau Maria, die auserwählt worden ist, dem Gottessohn irdische Mutter zu sein. Niemand könnte sie besser wissen und schöner erzählen als diese eine, die alle Geschehnisse sinnenfällig erlebte:

Sie hörte die Anfrage des Heiligen Geistes
und gab ihr Jawort.
Sie trug ihr Geheimnis zu Elisabeth,
der letzten Prophetenmutter
eines unfruchtbar gewordenen Alten Bundes.
Sie hat den Menschensohn
in der Höhle von Bethlehem geboren.
Sie hat ihn im Tempel
Gott zurückgegeben im Opfer.
Sie hat ihn im Tempel wieder gefunden,
nachdem sie ihn mit Schmerzen gesucht hatte.
Sein ganzes Leiden hat sie miterlitten,
wie nur eine Mutter es tun kann.
Sie kennt seine Liebe, sie weiss, was er leidet.

Sie weiss aber auch, warum er leidet und dass sein Sterben am Kreuz nicht bloss ein Sterben ist in den Tod hinein, sondern zur Auferstehung und Heimkehr in den Himmel.
Wie muss Maria sich gefreut haben, als die Apostel die Botschaft ihres Sohnes vom Reich Gottes auf Erden so kühn und wagemutig allem Volk verkündeten, diesem Volk, das ihren Sohn verworfen hatte. Da erkannte sie wieder das Glühen des Heiligen Geistes, der fruchtbar macht, was öde ist, der mutig macht, was feige ist, der Leben werden lässt, wo vermeintlich nichts anderes mehr ist als ein Grab, eine Trauer, eine in den Spalten zwischen den Zeiten langsam zerrinnende Sehnsucht.
Maria erlebte die junge Kirche, und sie wurde zur Mutter aller, die ihrem Sohne Glauben, Hoffen und Lieben schenken.

So überflutete denn auch Gott diese irdische Mutter seines Sohnes mit der ganzen Liebe, die einer Mutter gebührt. Wir beten: «Der Dich, o Jungfrau, in den Himmel aufgenommen hat.» Gott nahm Maria auf in die Herrlichkeit seines Himmels, damit sie nicht nur in ihren Gebeten nach ihm sich sehnen sollte, den sie geboren, ernährt und geliebt hatte, sondern auf ewig mit ihm vereint sei.

In der Auferstehung ihres Sohnes sollte auch Maria, als Erstling von allen Menschen, auferstehen und in den Himmel aufgenommen werden.

Der Dich, o Jungfrau,
im Himmel gekrönt hat

Gottes Gegenwart
krönt den irdischen Lebensbaum
mit seinem eigenen Leben

Im Himmel wurde Maria belohnt für ihre Bereitschaft «Siehe, ich bin die Magd des Herrn, mir geschehe nach Deinem Worte!» Die Geschichte erzählt, dass Maria im Himmel gekrönt wurde. Denk jetzt nicht an eine irdische Krone aus Gold, sondern an die Krönung eines Lebenswerkes.

Was war denn eigentlich geschehen?
Gott neigte sich zur Menschheit: historisch gesehen zu Maria, bleibend zu allen Menschen, die je waren, jetzt sind und noch sein werden.
Und dieser Gott wurde selber Mensch, in der Zeit geboren aus der Jungfrau Maria, bleibend geboren in jedem Menschen, der guten Willens ist, ob er schon lebte, jetzt ist oder noch kommen wird.

Volk Gottes wurden dadurch diese Menschen. Das heisst aber nicht bloss, dass dieses Volk einem Gott gehört und diesem Gott gehorcht. Viel mehr ist geschehen.
Volk Gottes bedeutet im letzten und tiefsten Sinn, dass Gott in diesen Menschen Mensch geworden ist. Und ohne die Persönlichkeit des einzelnen Menschen zu zerstören, lebt er in ihm als Spross göttlichen Lebens, der von Gott dem vergänglichen Lebensbaum der Menschen gegeben worden ist.

Und darin ist Maria gekrönt, dass in der Wurzel, im Stamm, im Geäst, in den Blättern, Blüten und Früchten dieses Lebensbaumes Gott selbst der stets gegenwärtige Gott ist.

So ist Maria, symbolisch ausgedrückt, der Lebensbaum allen irdischen Lebens, der in den Himmel hinauf und in den Himmel hineingewachsen ist. In ihr ist die Menschheit ewig geworden und bei Gott.

Unendliche Liebe und Gnade
offenbart Gott in der wunderbaren
und grossartigen Geschichte,
die wir vernommen haben.
Sie ist die Antwort
auf die immer wiederkehrende Frage
nach dem Sinn
menschlichen Daseins:
Wir sind von Gott geschaffen,
wir sind von Gott geliebt,
wir sind von Gott zu Göttlichkeit
erhoben worden.

Freudenreicher Rosenkranz
Den Du, o Jungfrau, vom Heiligen Geist empfangen hast
Den Du, o Jungfrau, zu Elisabeth getragen hast
Den Du, o Jungfrau, geboren hast
Den Du, o Jungfrau, im Tempel aufgeopfert hast
Den Du, o Jungfrau, im Tempel gefunden hast

Schmerzhafter Rosenkranz
Der für uns Blut geschwitzt hat
Der für uns ist gegeisselt worden
Der für uns ist mit Dornen gekrönt worden
Der für uns das schwere Kreuz getragen hat
Der für uns ist gekreuzigt worden

Glorreicher Rosenkranz
Der von den Toten auferstanden ist
Der in den Himmel aufgefahren ist
Der uns den Heiligen Geist gesandt hat
Der Dich, o Jungfrau, in den Himmel aufgenommen hat
Der Dich, o Jungfrau, im Himmel gekrönt hat